2000 English-Turkish Proverbs & Idioms

Osman Delialioglu

Cranmore Publications

*A catalogue record for this book is available
from the British Library*

ISBN: 978-1-907962-62-2

Published by Cranmore Publications

Reading, England

www.cranmorepublications.co.uk

This book is dedicated to my family

Contents

Introduction

Proverbs and idioms are a vital part of a country's culture which passes on from generation to generation. *Proverbs* arise from the past experiences of a society through a process of cultural accumulation; they provide a bridge between a society and its forefathers by reflecting past experiences in the present. Ignoring these proverbs will isolate new generations from their descendants; whereas, engaging with them will establish roots from the present to the past. Proverbs were first used by our forefathers after a long period of observation and experience; since their formation they have been used through the generations to explain or clarify specific and complicated situations.

Idioms and terms explain a situation; they have their source in proverbs and stories. They are classified as follows:

i)   Mocking and entertainment terms

ii)   Story terms

iii)   Descriptive terms

iv)   Exaggeration terms

v)   Praying terms

vi)   Admiration and affection terms

vii)   Warning and advice terms

viii)   Swearing and humiliation terms

The differences between proverbs and idioms/terms can be summarised as follows:

A)   Terms explain a concept and a situation

B)   Terms always have an abstract meaning

C)   Each term has a story, a legend and a source

D)   Terms entail no definite decision, advice or guidance

E)   Therefore, terms do not give rise to a general rule.

*** For proverbs, the opposite of all of these is true.

The Turkish language reflects one of the richest cultures in the world; it has given rise to an almost uncountable number of proverbs and idioms. This book has taken about six years to complete. However, I do not regret spending such a long period of work if it will be of use to linguistic students and to anyone interested in gaining a deeper understanding of either the Turkish or English language.

2000 Proverbs & Idioms

A

To take into account : göz önünde
bulundurmak, hesaba katmak

To accommodate oneself to circumstances
: ayağını yorganına göre uzatmak

The heel of Achilles (Achilles heel) :
insanın zayıf noktası

To be struck with admiration : hayran
kalmak

Actions speak louder than words : lafla
peynir gemisi yűrűmez

Nobody can afford to spend without income : almadan vermek Allah'a mahsustur

There is no accounting for tastes : zevkler ve renkler tartışılmaz

To cast aspersions upon someone : birine iftira atmak

All covet all lose : açgözülük insana herşeyi kabettirir

To make an advance : avans vermek ; ileriye adım atmak, ilerleme kaydetmek

To lay/set an ambush : pusu kurmak

To be in ambush : pusuya yatmak

To be at someone : birinin başının etini yemek

To amuse oneself (by, with) : eğlenmek

The amusing thing about it : işin tuhaf/garip yanı

To agitate for something : bir şeyi elde etmek için ısrarla uğrağmak

To get angry : kızmak

To make angry : kızdırmak

To ask for : istemek

To pay attention : dikkat etmek

To be attached to : e bağlı (sadık) olmak, sevmek

As for that (as regards that, as to that) : buna gelince

As to (for) you : size gelince

To achieve one's end : amacını gerçekleştirmek

As a lecturer : öğretim görevlisi/okutman olarak

As soon as possible : mümkün olduğu kadar çabuk

At the expense of : nin pahasına

To have authority : nüfuz sahibi olmak

B

To back out of a promise : vaadinden (sözünden) dönmek

To want something badly : bir şeyi şiddetle arzu etmek

Bad news travels fast : kötü haber çabuk ulaşır, yayılır

A bad workman always blames his tools : ustanın kötüsü kabahati alete bulur

To have the ball at one's feet : eline fırsat geçmek

To bail out : kefalet vererek tahliye ettirmek

To post bail for someone : kefil olmak, birine kefalet vermek

To hang in the balance : muallakta olmak

To take a bullet for : kura çekmek, rey (oy) atmak

To be in the bag : çantada keklik olmak

To put a ban on : yasak etmek, yasak koymak

To be full of beans : enerjiden yerinde duramamak

Bed of roses : rahat bir yer, rahat bir vaziyet

To have bats in the belfry : bir tahtası eksik olmak

To beat about the bush : boşa kürek (çekmek) sallamak

To beat someone at their own game : birini kendi oyununa getirmek

To blow hot and cold : (bir şey hakkında) bir dediği bir dediğine uymamak, tutarsız olmak

To go blue in the face : morarmak

To be bound to do something : bir şeyi yapmağa mecbur olmak

Once bitten twice shy : çorbadan ağzı yanan ayranı üflerde içer

To bite off more than one can chew :
boyundan büyük işler(l)e uğraşmak,
girişmek

To be all in the same boat : aynı yolun
yolcusu (aynı durumda) olmak

To blush for someone : biri namına
(adına) utanmak

To break the ice : buzları (eritmek)
çözmek; barışmak

To bluster out threats : tehdit savurmak

To keep body and soul together : kıt
kanaat geçinmek

To bring home the bacon : ekmeğini
taştan çıkarmak

To get out of bed on the wrong side : ters
tarafından kalkmak

A bird in the hand (is worth two in the bush) : köpeğe kapılıncaya kadar çalıyı dolanmak yeğdir

To butter up : birine yağ çekmek

To break fresh ground : çığır açmak

To brief a barrister : bir davayı bir avukuta vermek

To break out : patlak vermek, çıkmak

To brush up one's English : inglizcesini tazelemek

To take the bull by the horns : bir tehlikeyi önlemek için birden ve cesaretle atlamak

To be a burden to someone : geçimi birine ait olmak, birine eziyet vermek

To make someone's life a misery : birini doğduğuna pişman etmek

To set bounds : bir had (sınır) çizmek,
tahdid etmek,

To get to the bottom of a matter :
meselenin iç yüzünü öğrenmek

To hold a brief for someone : birini
mahkemede müdaafa etmek

To be stiff as a board : can sıkıntısından
patlamak

To border on : hudut teşkil etmek, sınır
çizmek

To bow to the inevitable : kaderi olduğu
gibi kabul etmek

To stand on one's own two feet : kendi
yağıyla kavrulmak

On the brink of ... : hemen hemen üzere

To bring about : vukua getirmek, sebep
olmak

To send someone about their business :
birini defetmek, savmak

To buy someone off : birini satın almak, e
para vererek kurtulmak

Money burns a hole in his pocket :
cebinde para durmaz, onu para dürter

I hope his ears are burning : kulakları
çınlasın

To burst into tears : gözünden yaşlar
boşanmak

To feel something in one's bones : aptala
maal olurmuş, (niçin olduğunu bilmeden)
emin olmak

To kick the bucket : nalları dikmek

To get one's own back : kuyruk acısını
çıkartmak

To bark up the wrong tree : yanlış kapı
çalmak

To back out : sözünden dönmek, caymak

Between the devil and the deep blue sea :
iki camii arasında kalmak

For better or for worse : iyi veya kötü

To be in one's bad books : birinin
gözünden düşmek

To burn the midnight oil : geceyi gündüze
katarak çalışmak

To get the bug : merak sarmak

To build castles in the air : olmıyacak
hayaller kurmak

To be at bay / to be held at bay : köşeye
sıkıştırmak

To work for one's board : boğaz
tokluğuna çalışmak

To bring up a child in cotton wool : pek
nazlı büyütmek

My big toe : yok devenin pabucu/nalı

Better late than never : geç olsunda güç olmasın

Once in a blue moon : kırk yılda bir

To be a busy body : her işe burnunu sokan işgüzar olmak

C

To take care of (yourself) : (kendine, sağlığına) dikkat etmek

To cast a chill over one's company : meclise soğukluk getirmek

To strike the right chord : can alacak noktaya dokunmak

To catch someone red-handed : birini suç üstü yakalamak

Let the cat out of the bag : ağzınaki baklayı çıkar

First come first serve : erken gelen kazanır; erken kalkan yol alır; erken evlenen döl alır

To be called for military service : askere çağrılmak

To come off one's high horse : gururu kırılmak, burnunu sürçmek

The die is cast : ok yaydan çıktı, iş işten geçti

To take the consequences : cezasını çekmak, sonucuna katlanmak

It's no concern of mine : beni ilgilendirmez

To be cleaned out : meteliksiz kalmak

To heap coals of fire on someone's head : kötülüğe iyilikle (mukavele etmek) karşılık vermek

To keep/lose one's cool : soğuk kanlılığını muhafaza etmek/kaybetmek

To cut one's coat according to one's cloth : ayağını yorganına göre uzatmak

A close election : seçimi pek küçük farkla kazanma

A close translation : aslına çok yakın tercüme

A cock of the walk : bir yerde borusu öten kimse

To coin money : para kırmak

To catch a cold : nezle olmak

To come into collision with : le çarpışmak

To show oneself in one's true colours :
yüzünden maskeyi indirmek

To keep bad company : fena insanlarla
düşüp kalkmak

A chitty-chat : lak lak

A clash of interests : menfaat çekişmesi

That puts another complexion on the
matter : o zaman vaziyet değişir

Every cloud has a silver lining : her şeyde
bir hayır vardır

To lose consciousness / to regain
consciousness : şuurunu
kaybetmek/kazanmak

To put a curb on one's passions :
ihtiraslarına gem vurmak

He is cut out for this job : bu iş onun için
biçilmiş kaftandır

Wait till the cows come home : çıkmaz
ayın son çarşambasına kadar bekle

Curiosity killed the cat : merak insanın
başını belaya sokar

If the cap fits, wear it : yarası olan
gocunur

To play one's cards well : elindeki kozu iyi
oynamak

To lay one's cards on the table : gizlisi
kapaklısı olmamak

To take up a career : bir mesleğe girmek

To carry on/through : yerine getirmek,
icra etmek

To put the cart before the horse : bir işe
tersinden başlamak

To cash in : paraya çevirmek

To let the cat out of the bag : bir sırrı ağzından kaçırmak

To be like a cat on hot bricks : diken üstünde durur gibi oturmak

S/he (it) is no great catch : o bulunmaz hint kumaşı değil

There is a catch in it : bir püf noktasi vardır, veya ucuzdur vardır illeti, veyahut pahalıdır vardır hikmeti vb.

To catch out : gafil avlamak; (yaparken) yakalamak

No need to stand on ceremony here : burada teklif tekellufe luzum yok

To take a chair : oturmak

To take the chair : bir toplantıya başkanlık etmek

As different as chalk and cheese : arasında dağlar kadar fark var

To have an eye for the main chance :
daima kendi çıkarına bakmak

To give someone a chance : birisine bir
sans tanımak

To change hands : (bir şeyin) sahibi
değişmek

To change down/up : vites
küçültmek/büyütmek

What cannot be cured must be endured :
başa gelen çekilir

A chip off the old block : hık demiş
burnundan düşmüş

Too many cooks (spoil the broth) : iki
kaptan bir gemiyi batırir ; Nerede çokluk
orada....veya horozun çok olduğu yerde
sabah geç olur

To cook something up : uydurmak

To cook the books : zimmetine para
geçirmek

Two's company, three's a crowd : iki kişi
dost, üç kişi kalabalıktır

To get a connection : bağlantı, iletişim
kurmak

He couldn't hold a candle to you : o sizin
elinize su bile dökemez

Don't count your chickens before they have
hatched : çayı, dereyi görmeden paçaları
sıvama

It's no use crying over spilt milk : son
pişmanlık fayda vermez

The early bird catches the worm : erken
çıkan yol, erken evlenen döl alır

To cross one's fingers for someone :
birine şans dilemek

D

To fall into disrepute : itibardan düşmek

In deadly earnest : son derece ciddi
şakası yok

To keep someone at a distance : araya
mesafe koymak, soğuk davranmak

To come down on someone : birine
kancayı takmak

To drain someone dry : (birinin parasını)
son meteliğine kadar harcamak, kurutmak

To some degree : bir dereceye kadar

To court death : ölümüne susamak

To discriminate between people : farklı
muamele etmek

To try to draw someone : ağzını aramak, söyletmek

To drop/kick a habit : bir adetten (alışkanlıktan) vazgeçmek

To be damned on all sides : uçan kuşa borçlu olmak

To have a drink : bir sey içmek

To go on the doll/welfare : işsizlik parası, yardımı almak

To be disposed to : içinden gelmek

Give what you feel disposed to : gönlünden ne koparsa ver

To be down in the dumps : kederli/keyifsiz olmak

To be descended from : nin soyundan gelmek

To be a dead certainty : muhakkak,
şüphesiz

It's due to <u>him</u> : onun sayesinde

It's <u>due</u> to him : onun hakkıdır

To be dripping wet : sırılsıklam olmak

To dwell on something : bir şey üzerinde
durmak

A drop in the ocean : devede kulak

Distance lends enchantment to the view :
uzaktan davulun sesi hoş gelir

A drowning man will clutch at a straw :
denize düşen yılana saırlır

From that day to this : o gün bugündür

The good old days : hey gidi günler hey

Every dog has his day : herkesin şanslı
olduğu bir gün vardır

To do good business : iyi iş yapmak

The devil takes the hindmost : altta
kalanın canı çıksın

To treat a person like dirt : birini adam
yerine koymamak

To do a good deed : sevaba girmek

Flies are not dirty but they upset one's
stomach : sinek küçüktür ama mide
bulandırır

When the wolf grows old he's the laughing
stock of dogs : kurt kocayınca koyunun
maskarası olur

Barking dogs seldom bite : havlıyan
köpek ısırmaz

To draw up a deed : senet yazmak

To draw the curtain/raise the curtain :
perdeyi çekmak/açmak

To do military service : askerlik yapmak

To make a donation : bağış yapmak

Dead and done for : hapı yuttu, onun işi
bitti

I'll deal with him : onu bana bırak

Deeds not words : ayinesi iştir kişinin
lafa bakılmaz

Still waters run deep : derin düşünen
insanlar çok konuşmazlar

To take one's degree : bir üniversiteden
mezun olmak, diplomasını almak

To determine one's destiny : nin kaderini
tayin etmek

Between the devil and the deep blue sea :
aşağı tükürsen sakal, yukarı tükürsen
bıyık, iki tehlike arasında kalmak

To give the devil his due   :   yiğidi öldür
hakkını yeme, kötü adamın bile hakkını ver

There will be the devil to pay   :   kıyamet
kopacak, dananın kuyruğu kopacak

Let sleeping dogs lie   :   bana dokunmayan
yılan kırk yıl yaşasın, işi kurcalama

It's difficult suddenly to lay aside an old
passion   :   alışmış kudurmuştan beterdir

To dish up an old fact in a new form   :
temcit pilavı gibi ortaya sürüp durmak

To drive someone to distraction/crazy   :
birini çıldırtmak

To sow discord   :   aralarını bozmak nifah
tohumları ekmck

To dilly-dally with someone   :   birini
oyalamak/oynatmak

E

Come down to earth : akıllanmak, gerçekçi olmak

To make both ends meet : iki yakasını bir araya getirmek

Don't let your eye linger behind : gözü arkada kalmak

Eat one's heart out : içi içini yemek

At the eleventh hour : son dakikada, son anda

To have an effect on someone : birini etkilemek

To take an exam : sınava girmek

To give an exam : sınav yapmak

Translated From Turkish-English

Did your ears burn? : kulaklarınız çınladı mı?

I have had enough of him/her : bıktım, burama kadar geldi

The exception proves the rule : istisnalar kaideyi bozmaz

To earn one's life : hayatını kazanmak

To put all one's eggs in one basket : ihtiyatsız davranmak, bir şeye bağlanmak

At the expense of : nin pahasına

Be all the eyes : gözünü dört aç

Lack of experience invites trouble : cahil ile yola çıkan getirir bela

To eat one's words : tükürdüğünü yalamak

Everybody is master of his own house : her horoz kendi çiftliğinde öter

To put an embargo on : yasaklamak,
ambargo koymak

To engage in politics : siyasetle meşgul
olmak

To come into existence : peydah olmak,
meydana gelmek

To extort a promise from someone :
birinden bir vaad koparmak, söz almak

A happy family evening : mutlu bir aile
gecesi

At the end of the year : yıl sonunda

From the four corners of the earth :
dünyanın dört bucağından

To enter an exam cold : hazırlıksız olarak
sınava girmek

To take effect : yürürüğe girmek, etkisini
göstermek

Walls have ears : yerin kulağı var

To be easy to get on with : kolay geçinir

To come to a bad end : sonu (akıbeti) fena olmak

To make every effort : her gayreti sarfetmek

To embitter a quarrel : bir kavgayı körüklemek

By easy payment : küçük taksitlerle

To put an end to : e nihayet vermek

And that's the end of it : vesselam, işte bu kadar

To enjoy the confidence of someone : birinin itimadını kazanmış olmak

Every man for himself : herkes başının çaresine baksın

2000 Proverbs & Idioms

On an equal with : ile müsavi (eşit) olarak

To bring a storm about one's ears : başına bela açmak

Go to the ends of the earth : dünyanın öteki ucuna, cehenemin dibine git

There's no earthy reason for... : için hiç bir sebep yoktur

To be (feel) at ease : içi rahat ettirmek

To take it easy : yangelmek, telaşa kapılmamak

To enlist the services of : in yardımını temin etmek

To explore for : araştırmak

To sit an exam : bir imtihana girmek

I am up to my eyes in work : işten başımı kaşıyacak vaktim yok

In the course of events : sonunda, necticede; zamanla

Without exception : istisnasız

To return empty-handed : eli boş dönmek

To get even with someone : birisinden acısını çıkartmak

Errors and omissions excepted : bir (hesapta) muhtemel yanlış ve noksanlar müstesna

With an eye to : maksad ile

To knit the eyebrows : kaşları(nı) çatmak

Enough's enough : yeter artık

F

At a fabulous price : ateş pahasına

In the face of danger : tehlike karşısında

There is a fair chance that we shall win :
kazanmamız oldukça muhtemeldir

A fair play : dürüst bir hareket

He fairly beamed with delight :
sevincinden adeta ağzı kulaklarına vardı

In good faith : hüsniyetle

To die in the faith : imanlı olarak ölmek

To lose faith in someone : birinden sıdkı
sıyırmak

To fall for... : e abayı yakmak, vurulmak

To be over/too familiar : laubali olmak

To take a fancy to : birini gözü tutmak, den (neredeyse) hoşlanmak

To fancy oneself : kendini beğenmek

To lead the fashion : modaya örnek olmak

To set the fashion : moda çıkarmak

A man/woman of fashion : son moda giyinen adam/bayan

To break one's fast : orucunu bozmak

To play fast and loose : söz verip tutmamak, iki yüzlülük yapmak

To feed someone on : birini.........le beslemek

To feel about for (after) something : bir şeyi el yordamıyle aramak

To feel like doing something : canı
istemek, yanaşmak

I have a feeling that : bana öyle geliyor
ki..., içine doğmak

To sit on the fence : suya sabuna
dokunmamak, tarafsız kalmak

Out of the frying pan and into the fire :
gelen gideni araatır

An old fogey : örümcekli (eski) kafa

To play with fire : ateşle oynamak

Not to care a fig, for, ... : vızgelmek

To have a finger in every pie : her işte
parmağı olmak

To make a fuss out of nothing : hiç yoktan
mesele çıkarmak

To be caught flat-footed : hazırılıksız
yakalanmak

To fight it out : sonuna kadar mücadele etmek

A foolish friend is more dangerous than a wise enemy : ahmak dost akıllı düşmandan beterdir

To fish in troubled waters : bulanık suda balık avlamak

Good food is the back bone of life : can boğazdan gelir

To make a fool of someone : birini maskaraya çevirmek

To get in for a constituency : milletvekili/mebus seçilmek

To figure out the expense : masrafı hesap etmek

To have one's fill of something : ..e doymak, den kına gelmek

I couldn't find it in my heart to : içim götürmedi, kıyamadım

To find out what someone is up to (after) : birinin ne mal olduğunu anlamak

One fine day : günün birinde

To burn one's fingers over something : bir şeyden ağzı yanmak

To fire a question at someone : birine birdenbire bir soru sormak

First hand : doğrudan doğruya alma

To flare up : birdenbire alevlenmek

To spend one's money like water : har vurup harman savurmak

To fool about/around : avare dolaşmak

A pious fraud : sahte dindar

To put a bold face on it : cesur görünmek, cesaret taslamak

To set foot in... : e ayak basmak

(He) who falls by himself does not cry : kendi düşen ağlamaz

The finger cut by the shariat does not hurt : şeriatin kestiği parmak acımaz

To feel light at heart : ferahlamak

To be one foot in the grave : bir ayağı çukurda olmak

Feed the crow that pecked out your eyes : besle kargayı oysun gözünü

To feel anguish in one's heart : kalbinde bir acı hissetmek

A fish-storyteller : palavracı

To feel like a fish out of water : **sudan çıkmış balik gibi** : **ne yapacagini bilememek**

Familiarity breeds contempt : **fazla samimiyet hürmetsizlik doğurur**

There's something funny about this : **tuhaf, işin içinde iş var**

To be furious with someone : **birine fena halde kızmak**

G

To gamble away something : **bir şeyi kumarda kaybetmek**

It's all in the game : **hem iyi hem kötü tarafına razı olmak**

Translated From Turkish-English

What's his (little) game : ne dolap çeviriyor acaba

To beat someone at their own game : birini kendi oyunu ile yenmek

Not play the game : mızıkçılık etmek

To play someone's game : birinin ekmeğine yağ sürmek

To spoil someone's game : birinin işini bozmak

The game is up : hapı yuttuk, yandık

What's sauce for the goose is sauce for the gander : Senin ki/onun ki canda bizim ki (değil) patlıcan

To get along with someone : birisiyle iyi geçinmek

There's no getting away from it : bundan kurtuluş yok

49

He'll never get away with that : kimse
yutturamaz

To get one's own back : öcünü almak,
acısını çıkartmak

To get something into one's head : fikir
edinmek, kavramak

To get out without loss : zararsızca işin
içinden çıkmak

To have a gift for languages : lisana
(yabancı dile) kabiliyeti olmak

I wouldn't have it as a gift : bedava
verseler almam

Great haste makes great waste : acele işe
şeytan karışır

Give a dog an ill name and hang him : bir
insanın adı çıkacağına canı çıksın

God tempers the wind to the shorn lamb :
garip kuşun yuvasını Allah yapar

Dig one's own grave : kendi mezarını kazmak

To be green with envy : kıskançlıktan çatlamak

Fear of God : Allah korkusu

All that glitters is not gold : görünüşe aldanmamalı ; her gördüğün ak sakallıyı deden sanma

He is a glutton for work/punishment : inek gibi çalışıyor

There's not enough to go round : bu herkese yetmez

You don't know what I've gone through : başıma geleni sorma

To go up to a person : birine yaklaşmak, sokulmak

To take (too much) for granted : herşeyi olmuş bitmiş gibi kabul etmek

To keep someone's memory green : hatırasını canlı tutmak

To give a guarantee to someone : birine kefil olmak

Guess who I met : kime rasgelsem iyi

H

To split hairs : kılı kırk yarmak

He laughs best/loudest who laughs last : son gülen iyi güler

Not to turn a hair : istifini bozmamak; kılını kıpırdatmamak

To make a good start is half the battle : iyi bir başlangıç işin yarısı demektir

To bring up an animal by hand : bir hayvanı kendi eli ile yetiştirmek

To be a good hand at doing something : bir şeye eli yatkın olmak

To take one's hat off to someone : bir(ine) şeye şapka çıkarmak, nin üstünlüğünü kabul etmek

He is hard to handle : onu idare etmek güçtür

To handle a situation : bir vaziyeti idare etmek

To hang about : avare avare dolaşmak

Hard facts : inkar edilmez hakikatler/gerçekler

To have a hard time : zor zamanlar geçirmek

First catch your hare (and then cook it) : ayıyı vurmadan postunu satma

To run with the hare and hunt with the
hounds : tavşana kaç tazıya tut demek

Many hands make light work : bir elin
nesi iki elin sesi var

Let him have it : onun ağızının payını ver

To make havoc of : çok zarar vermek,
tahribat yapmak

To go to one's head : başına vurmak

On your own head be it : günahı boynuna

I can't make head or tail of this : bundan
hiç bir mana çıkaramıyorum, başı kıçı belli
degil

Now matters are coming to a head : işte
şimdi dananın kuyruğu kopacak, yüze yüze
kuyruğuna geldik

The country is heading for disaster :
memleket felakete doğru sürükleniyor

To hear from someone : birinden
mektup/haber almak

Not to have the heart to : kıyamamak,
yüzü olmamak

To clasp someone to one's heart : birini
bağrına basmak

To move heaven and earth to get something
: bir şeyi elde etmek için yapmadık şey
bırakmamak

To be on/upon one's heels : tam peşinde
olmak

Heir by law : kanuni mirasçı

I couldn't help laughing : gülmekten
kendimi alamadım

To catch someone on the hop : birini zayıf
vaziyette yakalamak

That was a hit at you : bu taş sana

Less haste, more speed : acele işe şeytan
karışır

Put one's hand on one's conscience : elini
vijdanına koymak

A door of hope had opened for : e bir
ümit kapısı açılmak

To let a house : ev kiralamak

To have some refreshments : ferahlatıcı
birşeyler içmek

To have a break : ara (mola) vermek

My hair stood on end : tüylerim diken
diken oldu

Home is where you make it : doğduğun
değil doyduğun yer evindir

To lose one's hope : ümidini kaybetmek

To bring misfortune on one's head :
birinin başına bela getirmek

...passed through my hands : elimden geçti

To violate one's honour : birinin şerefini lekelmek

One's heart is in one's mouth : yüreği ağzına gelmek

He is a man after my (one's) own heart : kafa dengimdir

To hire out / to let out on hire : kiraya vermek

To search every hole and corner : büüutun köşeyi bucağı araştırmak

To feel at home with someone : birisi ile hiç yabancılık çekmemek

To get someone out of a hole (fix) : birini fena bir vaziyetten kurtarmak

To be on holiday : izinli, tatilde olmak

You can take a horse to water but you can't make him drink : nuh derde peygamber demez

To hush up : ört bas etmek

To hum and haw : kem kum etmek

To have a hunch : içine doğmak

Henpecked husband : kılıbik

To hit below the belt : kalleşlik etmek, haksızlık etmek

Hold the bag : kabak başına patlamak

Don't look a gift horse in the mouth : bahşiş atın dişine bakılmaz

To fall into someone's hands : birinin eline düşmek

A hopeful wish comes through in a dream : aç tavuk kendini darı ambarında görür

He who hesitates is lost : köprüyü
geçinceye kadar ayıya dayı demeli

I

To be immersed in one's work : işine
daldırmak

To make a good/bad impression : iyi/kötü
bir intiba bırakmak

To improve the occasion : ele geçirdiği
fırsattan azami istifade etmek

He knows every inch of the place :
buraları avucunun içi gibi bilir

Every inch a soldier : iliklerine kadar
asker

To take the initiative : bir iş için ilk adımı
atmak

On one's own initiative : kendi teşebüsü
ile

To turn every stone inside out : ortalığı
alt üst etmek

To install central heating : kalorifer
tesisatı döşetmek

Instructions for use : (ilaç vs) kullanmak

To have many irons in the fire : kırk
tarakta bezi olmak

(A woman) with foresight and intuition :
ileri görüş ve sezgiye sahip (bir kadın)

He who has influential friends will not be
easily disturbed : ağır yongayı yel
kaldırmaz

To show an iron hand in a velvet glove :
aba altından değnek göstermek

One can never know a man's inside :
kaplanın alacası dışında insanın alacası
içindedir

To arouse one's interest : nin ilgisini
uyandırmak

In the best interest of the students :
öğrencilerin çıkarına, menfaatine

The point at issue : tartışılan nokta

To bring a matter to a conclusion / an issue
: meseleyi bir neticeye bağlamak

A little kindness may be remembered
forever : bir fincan kahvenin kırk yıl
hatırı vardır

He is itching for trouble : bela arıyor,
kaşınıyor

Ill-fated : kötü kader

Items on the agenda : gündemdeki
meseleler

The snake must be crushed while it is small
: yılanın başı küçükken ezilmeli

In accordance with : nin uyarınca

It fell to my lot : benim payıma düştü

In a good/bad humour : neşesi yerinde
(değil)

To be in a hurry : acelesi olmak

To get ideas into one's head : olmıyacak
şeyler beklemek

It is an ill wind that blows nobody good :
her işte bir hayır vardır

Diplomatic immunity : diplomatic
dokunulmazlık

In honour of : şerefine

We are in a fight : çattık belaya

A friend incarnate : şeytanın ta kendisi

Strike while the iron is hot : demir tavında dövülür

J

Before you could say Jack Robinson : kaşla göz arasında

The jaws of death : ölümün pençesi

Hold your mouth (jaw) : çeneni tut

To make the best of a bad job : fena şartlardan azami istifade etm

Hit the jackpot : işi tıkırında gitmek, rasgitmek

This is not everybody's job : bu iş her babayiğidin harcı değil

He knows his job : işini biliyor

To jog along : iyi kötü yuvarlanıp gitmek

To jog someone's memory : birinin bir şey hatırlamasına yardım etmek

To find a chink in someone's armour : birinin zayıf damarını bulmak

To bring to justice : mahkemeye vermek

Jointly liable : müştereken (ortaklaşa) mesul, sorumlu

A good judge of men : insan sarrafı

He would jump at it : dünden hazır

Just for a joke : sadece şaka olsun diye

To be on the job : iş başında olmak

To lie down on the job : işi kaytarmak

To have the gift of the gab : ağzı laf yapmak, çenesi kuvvetli olmak

Wouldn't you just like to know : neler
neler de maydanozlu köfteler

Nothing escaped the Justice's eye :
kanunun elinden kurtulunamaz

Do not sleep for joy : sevinçten
uyuyamamak

To put one's nose out of joint : birinin
pabucunu dama attırmak

To play a joke on someone : birine şaka
yapmak, oyun oynamak

To join up : askere yazılmak; üye olmak

Do justice to : haklı muamele etmek,
hakkını gözetmek

To get the jump on one : birinden evvel
davranmak, üstün gelerek birini şaşırtmak

In my judgement : benim fikrimce

The last judgement : kıyamet (günü)

K

To be keen on something : hevesli, istekli olmak

Don't let me keep you : size alıkoymayayım

You are keeping something back : dilinin altında birşey var

You keep on at someone / to persistently address someone on an issue : birinin başının etini yemek

To keep up with the times : zamana uymak

To kick the bucket : nalları dikmek

To be kicked out : kovulmak

You can't kid/fool me : öyle yağma yok

I was only kidding : şaka söyledim

To kill with kindness : lüzumundan fazla
ihtimam göstermek

To kill the goose that lays the golden egg :
altın yumurtlayan kazı kesmek, işini eliyde
bozmak

Killing two birds with one stone : bir tşsla
iki kuş vurmak

To pack up one's kit : pılı pırtıyı toplamak

To kick up / make a fuss : önemsiz şeyleri
mesele (sorun) yapmak, gürültü yaygara
çıkarmak

To be kind to someone : birine iyi
muamele etmek

Give them my kind regards :
hürmetlerimi söyle

To take kindly to : e ısınmak

To be kind-hearted : şefkatli olmak

To kiss hands : el öpmek

To bend the knee to : e boyun eğmek

To bring someone to their knees : diz çöktürmek

To knit the eyebrows : kaşlarını çatmak

To knock something off the price : fiatını kırmak

A man is known by his friends : insan ahbabından/arkadaşından belli olur, bana arkadaşını kim olduğunu söyliyeyim

To know what's what : bir işten anlamak, neyin ne olduğunu bilmek

L

To see how the land lies : vaziyeti anlamak

He always lands on his feet (he's always lucky) : daima dört ayak üzerine düşer

To land someone one : birine tokat yapıştırmak

That will land you in prison : bu yüzden hapsi boylarsın

To lay a bet : bahse girmek

Take it or leave it : ister beğen ister beğenme

To stand on one's own two feet : kendi yağı ile kavrulmak

To go to any length(s) : her çareye başvurmak

69

Let that be a lesson to you : bundan ibret al, bu sana ders olsun

To learn one's lesson (by bitter experience) : boyunun ölçüsünü almak

To let things go : işin peşini bırakmak

To let out (a secret) : sır vermek

To lick someone's boots : yaltaklanmak

That puts the lid on it : bir bu eksikti

A pack of lies : yalan dolan

To come to life : canlanmak

He has seen life : görmüş geçirmiş

To give someone a lift : birini arabasına almak

To bring to light : gün ışığına /meydana çıkarmak

The likes of you and me : senin ve benim gibiler

One must draw the line somewhere : herşeyin bir haddi vardır

To drop someone a line : birine iki satır bir mektup yazmak

To wash one's dirty linen in public : birinin kirli çamaşırlarını ortaya çıkarmak, skandal yaratmak

To linger on a subject : bir mevzuyu uzatmak

Every cloud has a silver lining : her şeyde bir hayır vardır

To link arms : kol kola girmek

One has got to live : geçim dünyası bu

Live and learn : bir yaşıma daha girdim

To earn one's own living : eli ekmek tutmak

To make a living : hayatını kazanmak

A living wage : asgari geçinme ücreti

To be located in a place : bir yer(d)e yerleştirilmek

To lodge with someone : birinin evinde oturmak

To take in lodgers : oda kiraya vermek

To bring someone/something into line : birini/bir şeyi hizaya getirmek

This is a matter of life and death : bu bir ölüm kalım meselesidir

That's life : insan olanın başına herşey gelir

To have a look at : bir bakmak, gözden geçirmek

To lose the thread of something : ipin ucunu kaçırmak

To leave someone in the lurch : birini yüz üstü bırakmak

I am looking forward to seeing him : görmek için sabırsızlanmak, dört gözle yolunu beklemek

Everyone must look out for himself : herkes başının çaresine bakmalı

To look up to someone : birine itibar etmek

To look up (a word) : bir kelimeye bakmak

To lop (off) : budamak

To cut one's losses : zarardan kar etmek

Give him my love : gözlerinden öperim

He sends you his love : size selam söyledi

73

To make a lucky shot : boş atıp dolu
tutmak

Thank your lucky stars : bir yiyip bin
şükret

To win the battle of life : hayat
mücadelesini kazanmak

Don't laugh at your neighbour, you may
have the same trouble : gülme komşuna
gelir başına

Bad luck often brings good luck : kul
daralmayınca hızır yetişmez

Don't live above your income : ayağını
yorganına göre uzat

To have a good command of the English
language : ingiliz dilini iyi bilmek

To lurk about : gizli gizli dolaşmak

To have a lump in the throat : boğazı
düğümlenmek

As you make your bed, so you lie on it :
insan yaptığı işin sonucuna katlanmalı

To take the law into your own hands :
kanunu çiğnemek

Leave someone alone : birini yalnız
bırakmak

To lose oneself in something : e dalmak

He (it) is no losss : bu kayıp sayılmaz

M

The machinery of government : idare
mekanizması

As mad as a March hare : zırdeli

To drive someone mad : birini çıldırtmak

To go mad   :   aklını bozmak, çıldırmak

To have a magic effect on   :   büyü tesiri
yapmak

To make a name for oneself   :   ün/isim
yapmak

To look into the matter   :   meseleye
bakmak, mesele ile ilgilenmek

To mind one's own business   :   kendi işine
bakmak

Flags will fly at half-mast   :   bayraklar
yarıya inecek

It's no concern of mine   :   beni
ilgilendirmez

Common law marriage   :   resmi nikahsız
beraber yaşama

The neighbour's meadow looks greener
(the grass is greener on the other side)   :

komşunun tavuğu komşuya kaz gibi
görünür

A rolling stone gathers no moss : işleyen
demir ışıldar, akar su yosun tutmaz

To do military service : askerlik yapmak

To make a match between two young
people : iki genç arasında çöpcatanlık
yapmak

To make room for : yer açmak

To make a scene : olay yaratmak , rezalet
çıkartmak

No matter what... : bakmaksızın, ne
olursa olsun

To make someone's life a misery : birini
doğduğuna pişman etmek

To make away with : aşırmak, yürütmek

To make a mountain out of a molehill : pireyi deve yapmak

Do (work) miracles/wonders with something : harikalar yaratmak

Now matters are coming to a head : işte şimdi dananın kuyruğu kopacak

To throw a sprat to catch a mackerel : kaz gelecek yerden tavuk esirgenmez

Don't make a martyr sigh, you will pay for it by and by : alma mazlumun ahını çıkar aheste aheste

Maybe it's all for the best : belkide böylesi daha hayırlı olur

Easy money will vanish soon / penny goes after penny till Peter hasn't any : hazıra dağ dayanmaz

To meet one's match : dengine rastlamak

To make a lie (story) : yalan (hikaye) uydurmak

To make out : anlamak, çözmek, sökmek

All main services : (su, gaz, elektrik) ana hizmetler

New moral codes : yeni ahlak değerleri

Manners betray feelings : (davranışlar iyi niyeti gösterir); aç esner aşık gerinir

To mess something up : arap saçına çevirmek berbat etmek

To miss the boat : treni kaçırmak

To be a man : cesur olmak

To make off with something : alıp götürmek, yürütmek

Many of us : çoğumuz

A marked man : mimli bir adam

To get married : evlenmek

If I may say so : kusura bakmayın ama

By all means let him learn Turkish/English
: varsın Türkçe/İngilizce öğrensin

To meddle in : burnunu sokmak

To meddle with : e karışmak, kahyalık
etmek

In memory of... : nin anısına

To make a mental note : içinden pazarlık
etmek

A millstone round one's neck : hayatta
birinin başarısına engel olan şey

To make up one's mind : karar vermek

To take someone's mind off their troubles
: dertlerini unutturmak

To mind one's health : sıhhatine dikkat
etmek

To make mischief (between people) :
aralarını bozmak, fesad karıştırmak

What more could you want? : bundan
iyisi can sağlığı

To be always on the move : bir türlü
yerleşememek

To be in a good/bad mood : keyfi/aksiliği
üstünde olmak

To make an April fool of someone : birine
bir nisan şakası yapmak

To hit the mark : amacına ulaşmak,
isabet ettirmek

To get to the bottom of the matter : bir
meselenin esasını öğrenmek

To make a contribution to : e katkıda
bulunmak

To cry over spilt milk : boşuna dövünmek

To leave a message for someone : haber bırakmak

To mess about/around : sinek avlamak

In the midst of all this : tam bu arada

I am at your mercy : boynum kıldan ince

To be left to the tender mercies of : nin eline düşmek

To come home with the milk/bacon : sabaha karşı eve dönmek

A land of milk and honey : bolluk mamur memleket

He is one in a million : eşi yoktur

He does not mince his words : sözünü esirgemez

To bear in mind : hatırda tutmak

To have something on one's mind   :
(birinin) zihninde işgal eden şeyler olmak

To be out of one's mind   :   aklını kaçırmak

To set one's mind on something :   bir şeyi
aklına koymak

If you don't mind me saying so   :   sözüme
gücenmezseniz

To engage in misconduct :   fena harekette
bulunmak

To feel miserable :   kötü hissetmek

A miserable salary :   pek cüzi maaş, ücret

It's hit or miss :   rasgele

To miss the point :   bir şeyin esasını
anlamamak

Who is missing? :   kim eksik?

Not a mite left :   zerresi kalmadı

To get mixed up : zihni karışmak

To make a mock of someone : birini
maskara etmek

With all due modesty : övünmek gibi
olmasın ama

You young monkey : seni çapkın seni

To be in a generous mood : cömertliği
üstünde olmak

A man of moods / moody : günü gününe
uymaz, huysuz

To cry for the moon : olmıyacak şey
istemek

More and more : gittikçe

What more could you want? : bundan iyisi
can sağlığı

To be the mouth of someone : başkasının
namına konuşmak

N

To hit the nail on the head : tam üzerine basmak

To nail a lie to the mast : yalanını meydana çıkarmak

To get a bad name : adı çıkmak

To catch someone napping : birini gafil avlamak

To die a natural death : eceliyle ölmek

To do the necessaries : icabeden şeyleri yapmak

Necessity knows no law : muhtaç kalınca herşey yapılır

To be up to one's neck in debt : uçan kuşa borçlu olmak

To drive a nail into one's coffin : ömür
törpüsü olmak

To get on one's nerves : birinin sinirine
dokunmak

Never do well : adam olmaz, serseri

A naturalized citizen : bir devletin
uyruğuna sonradan giren kimse

To carry coals to Newcastle : tereciye tere
satmak

The wonders of Nature : tabiat harikaları

A national debt : milli bir borç

A hard nut to crack : çetin ceviz, zor iş
veya kimse

To go to day nursery : kreş, gündüz
bakım evi

To stick one's nose into someone's business
: birinin işine burnunu sokmak

To turn up one's nose : burun kıvırmak

To dress up to the nines : iki direm bir çekirdek giyinmek

This is a nice mess : işler arap saçına döndü

To blow one's nose : burnunu silmek

To be nominated for (MP) : (milletvekilliği) ne aday gösterilmek

To come to nothing : suya düşmek

To give someone notice : önceden (kiracı, iş vs) haber vermek, bildirmek

A short notice : kısa bir mühlet

To follow one's nose : burnunun doğrultusuna gitmek

To lead someone by the nose : birini parmağında oynatmak

A notorious girl : adı çıkmış bir kız

From now on : bundan böyle

O

To sow one's wild oats : gençlik çılgınlıkları yapmak

With the object of : maksadıyla

If you have no object : mahzur görmezseniz

To be obligated : mükellef olmak, mecbur olmak

Should the occasion arise : icabında, fırsat olursa (olanak ortaya çıkarsa), imkan doğarsa

On the occasion of (his marriage) :
(düğün) ü münasebetiyle

To be employed on odd jobs : öte beri
işlerinde çalışmak

To regard as a good/bad omen :
iyiye/kötüye yormak

An omnivorous reader : ne bulursa
okuyan

Once bitten twice shy : sütten ağzı yanan
yoğurdu üfleyerek içer

To give an olive branch to someone :
birine zeytin dalı uzatmak

One can obtain nothing without pushing or
demanding : ağlamayan çocuğa meme
vermezler

To know the ins and outs of something :
bir şeyi (avucunun içi gibi) iyi bilmek

To seek an opportunity : fırsat kollamak

To take the opportunity : fırsatı
değerlendirmek

To put something in order : bir şeyi
düzeltmek, sıraya koymak

To be overwhelmed with joy :
sevincinden kendini kaybetmek

To be on one's own : kendi başına olmak

Who but Osman would say that? : bunu
Osman'dan başka kim söyler?

To cotton on to something : birinden
hoşlanmak, e canı kaynamak

That's an old trick : bu hileyi herkes bilir

To buy on credit : veresiye, taksitle almak

To get something over with : bir şeyi
halletmek

To be out in one's calculations :
hesaplarında yanılmak

A part of your life : yaşamımızın bir parçası

People who live in glass houses shouldn't throw stones : gülme komşuna gelir başına

Here is an opportunity : işte bir fırsat

To be on the rocks : meteliksiz kalmak

Once the bird has flown : atı alan Üsküdarı geçti, ok yaydan çıktı

As close as an oyster : çenesini bıçak açmıyor

P

To keep pace with someone/something : e ayak uydurmak

To be packed like sardines : balık istifi

To have a fine palate : ağzının tadını bilmek

He who pays the piper calls the tune : parayı veren düdüğü çalar

To take pot luck : şansına razı olmak

Penny-wise, pound-foolish : küçük işlerde hasis büyüklerde müsrif

To poke one's nose into... : e burnunu sokmak

To plough someone in an exam : birini imtihanda çaktırmak, bırakmak

Practice makes perfect : uygulama/alıştırma ustalaştırır, mesk kemale erdirir (yapa boza öğrenilir)

The other side of the picture : madalyonun ters tarafı

To make a pass at her : e askıntılık yapmak

To play one's cards well : elindeki kozu iyi kullanmak

To keep the pot boiling : geçimini sağlamak

To pour out one's heart : içini dökmek, kalbini çalmak

To give someone full power : e tam yetki/ selahiyet vermek

You can't put that past me : ben bunu yutmam

To have a pull over someone : başkasına üstün olan bir tarafı olmak

To pump someone : birinden haber almaya (malumat edinmeye) çalışmak

Students having problems need guidance : sorunlu öğrencilerin rehberliğe ihtiyacı var

One must take students' psychological
condition into consideration : insan
öğrencilerin psikolojik durumunu göz
önüne almalı

Man promises, God disposes : tedbir
bizden, takdir Allah'tan

To pull oneself together : kendini
toplamak, kendine gelmek

To push one's advantage : elde edilen bir
menfaati son haddine kadar istismar etmek

To have a pudding-face : ablak suratlı
olmak

To palm something off on someone :
birine (değersiz) bir şeyi yutturmak

To grease the palm / to give a bribe :
rüşvet vermek

To send one's papers : istifa etmek

To speak in parables : kinayeli konuşmak

Like an earthly paradise : yeryüzü
cenneti gibi

To be parched with thirst : susuzluktan
kavrulmak

Fine words butter no parsnip : lafla
peynir gemisi yürümez

To say one's prayers : nin duasını etmek

To proceed against someone : biri
aleyhinde dava açmak

To have prejudice against : e karşı
önyargılı olmak

To exceed one's power : yetkisini
(selahiyetini) aşmak

To prick one's ears : kulak kabartmak

To pick off names on a list : listedeki
isimleri işaretlemek

The pricks of conscience : vijdan azabı

He is a princely fellow : o bir ömürdür

With the consent of all/parents : herkesin/ailenin rızasi ile

One's premonitions about : birinin ön sezisi

Justice is the basis of prosperity : adalet mülkün temelidir

Don't talk about the past : geşmişe mazi derler

To set a paper : imtihan (sınav) sorularını hazırlamak

To be particular about one's food/dress : yemek seçmek/giyimde titiz olmak

For my part : bence, bana kalırsa

To play a part in ...ing : de rol oynamak

To take part in ... / to participate : e katılmak

To come to pass : vuku bulmak

To pass away : ölmek

To pass by : önünden/yanından geçmek

Read this and pass it on : oku, dolaştır

A woman with a past : geçmişte/mazide maceraları olan kadın

To walk past something : nin önünden geçmek

Not to be a patch on something : birinin eline su dokemek

To earn an honest penny/money/living : namusu ile ufak tefek para kazanmak

To retire on a pension : emekliye ayrılmak

People say that : diyorlar ki

The common people : halk tabakası

To consign to perdition : lanet etmek

A sorry performance : başarısız bir iş

To be perished with cold : soğuktan donmak/morarmak

Take care of the pence and the pounds will look after themselves : küçük masraflara dikkat edersen büyükleri kendiliğinden gözetilmiş olur

As the phrase goes : meşhur tabir ile

To have a bone to pick with someone : birisi ile paylaşacak kozu olmak

To pick holes in something : bir şeyin tenkid edilecek taraflarını bulmak

To pick pockets : yankesicilik yapmak

A pickpocket : yankesici

To pick up courage : cesaretini toplamak

To pick up a livelihood : hayatını oradan buradan kazanmak

You little pickle : (çocuğa) seni gidi seni

Picture to yourself : (kafanda) tasavvur et

To come into the picture : mevzuya girmek

To be very much in the picture : de muhim rolu olmak

To be out of the picture : sayılmamak

To have a finger in the pie : bir işe karışmak, bir işte parmağı olmak

To make one's pile : küpünü doldurmak

To pile it on : mübalaa etmek

I don't care a pin : bana vız gelir

For two pins I'd box your ears : benden tokat yemediğine şükret

Put that in your pipe and smoke it   :
kulağına küpe olsun

To pitch one's hopes very high   :   gözü
yükseklerde olmak

To know one's place   :   haddini bilmek

To be awkwardly placed   :   müşkül
vaziyette olmak

To plague someone's life   :   birinin başının
etini yemek

To be plain   :   (insan) güzel olmak

To pat oneself down   :   pat diye bir yere
düşmek

Platonic love   :   manevi aşk

Divine love   :   ilahi aşk

To play the fine lady   :   kibar hanım rolu
oynamak

To play up to someone : birine yaranmak

To play for one's own hand : kendine yontmak

To plea with someone : birine yalvarmak

To pledge something : yi rehine koymak

To be in the pocket : karlı çıkmak

What's the point of doing this : bunu yapmakta ne mana var?

To point at : parmakla göstermek, işaret etmek

To point out : dikkati çekmek

To (take) poison : (kendini) zehirlemek

One man's meat is another man's poison : birinin ölümü diğerinin yaşamı

In my humble opinion : benim acizane fikrime göre

To pop off : **nalları dikmek**

To possess one's soul in peace : **başını dinlemek**

To die at one's post : **vazifede olmek**

It's beyond my power : **elimde değil, yetkimin (selahiyetimin) dışında**

To go to pot : **suya düşmek, iflas etmek**

The pot calling the kettle black : **tencere dibine kara demiş**

To talk a language well needs a lot of practice : **konuşmak pratiğe bağlı**

Practical joke : **el şakası**

To do something for practice : **alışmak için yapmak**

To be preoccupied : **fikri dağınık olmak**

In the presence of : **nin huzurunda**

Your presence is requested : hazır bulunmanız rica olunur

To be hard pressed : sıkışık vaziyette olmak

Here's a pretty fine mess : ayıkla princin taşını

An easy prey : dişe gelir

Proper pride : izzetinefis

In the prime of life / in one's prime : hayatının en olgun devresinde

To act up to one's principles : prensiplerine sadık kalmak

On principle : prensip itibariyle

To pray five times a day : günde beş vakit namaz kılmak

To talk to someone in private : başbaşa konuşmak

To be privileged to do something : bir şeyi yapmak imtiyazına sahip olmak

He's a prize fool : bulunmaz bir ahmaktır

It's a slow process : bu uzun zaman alan bir iştir

To put someone into a business : birini bir işe sokmak

To put the hoodoo on someone : büyü yapmak, uğursuzluk getirmek, nazar değdirmek

To depart from one's promise : sözünü tutamamak

I do not profess to be a scholar : ben alim olduğumu iddia etmiyorum

At a profit : karla

To make a profit out of something : bir şeyden kar etmek

The plan is promising : plan ümitli görünüyor

His life was spent in public service : hayatı memurlukla geçti

To feel one's pulse : nabzını yoklamak

To have a puncture : lastiği delinmek, patlamak

To put up with : tahammül etmek, nazını çekmek

To set off in pursuance : takibe koyulmak

To push oneself (forward) : girginlik etmek

You can't put that on me : ben bunu yutmam

To hold power : iktidarı elinde tutmak

To come to power : iktidara gelmek

To be the main opposition party : ana muhalefet partisi olmak

To go into politics/business : politikaya/ticarete atılmak

To be a deterrent power : caydırıcı güç olmak

To put (the law) into effect : (kanun) yürülüğe girmek. koymak

To keep pace with : e ayak uydurmak

To make people laugh : milleti güldürmek, eğlendirmek

To make progress : ilerleme kaydetmek

To make no progress : yerinde saymak

To be particular about food or a meal : yemek seçmek

To give a place to : yer vermek

To take a place/seat/chair : oturmak

Pros and cons : lehte ve aleyhte

To take precautions : önlem almak

To sell/buy at a good profit : iyi bir karle
satmak/almak

To pull someone's leg : biriyle dalga
geçmek

The political aspects : siyasi yönleri

The commercial aspects : ticari yönleri

To give/get a promotion : tcrfi
vermek/etmek

Honesty is thc best policy : en iyisi dürüst
davranmaktır

To put on the best clothes : en iyi
elbiselerini giymek

To take pity on : e acımak

To pay tribute to (Atatürk) : (Atatürk)'e
saygı duruşunda bulunmak

To have a pure heart : temiz kalpli olmak

To pour out one's woes : içinin sıkıntısını
dökmek

On purpose : amacıyle

To ask for permission : izin istemek

The plans fell to the ground / the plans fell
through : planlar suya düştü

Q

To quarrel with one's bread and butter :
birinin ekmeği ile oynamak

To be qualified to do something : istenen
vasıflara (sahip) haiz olmak

To queue (up) : sıra olmak

A quarter's rent : üç aylık kira

To be out of the question : söz konusu
(bahis mevzu) olmamak

In question : söz konusu (mevzubahis)
olma

To put a question : soru/sual sormak

To have quality goods : kaliteli mallara
sahip olmak

To be a qualified (teacher) : ehliyetli,
selahiyetli (öğretmen) olmak

To pick a quarrel with someone : birisi ile
kavga aramak

To be quarrelsome : kavgacı olmak

Without question : şüphesiz

R

To raise someone's spirits : birinin
maneviyatını yükseltmek

It's raining cats and dogs : bardaktan
boşanırcasına yağmur yağıyor

It never rains but it pours : aksilikler hep
üst üste gelir

To raise hopes : ümitlendirmek

To go on the rampage : cinleri tutmak

To be in the whole range of politics : tüm
siyaset sahasında olmak

The temperature ranges from zero to 80 :
hararet 0'la 80 arası değişir

To range over the country : memlektin
her tarafına yayılıp dolaşmak

Not worth a rap : on para etmez

To be rapt in... : e dalmak

To be in raptures : etekleri zil çalmak

Like a drowned rat : sırılsıklam

To smell a rat : şüphelenmek, kuşkulanmak

At that rate : o hesap ile; o halde; bu surette

To rattle a person : birinin iki ayağını bir pabuca sokmak

To reach forty/fifty : kırkına/ellisine basmak

I can read him like a book : onun içini dışını bilirim

To read medicine : tıp (okumak) tahsili yapmak

Well-read : çok okumuş

To read someone to sleep : birini
uyutmak için okumak

To be ready to do something : bir şeyi
yapmağa hazır olmak

To have a ready wit : hazır cevap olmak

To have a talk with someone : ile
görüşmek

The reason why... : nin sebebi

As recently as yesterday : daha dün gibi

To reckon on : birine güvenmek

His evil deeds will recoil upon his head :
fenalıklarının (kötülüklerinin) cezasını
çekecek

He has a bad record : sicili bozuktur

Records : evrak, dosya

To see red : gözünü kan bürümek

To be unable to refrain from : den kendini alamamak

In this regard/respect : bu hususta

In relation to : hususunda

To rejoice in something : bir şeyden zevk almak (haz duymak)

He's a regular nuisance : tam baş belasıdır

To relieve one's feelings : içini boşaltmak

To feel relieved : ferahlamak; rahatlamak

To right a wrong : bir zararı telafi etmek

To report sick : (kendisinin) hastalığını haber vermek

To reproach oneself : kendini kabahatli bulmak

To know someone by repute : birini
ismen tanımak

As required : istenildiği gibi

A rescue party : kurtarma ekibi

To reserve a seat for someone : birine bir
yer ayırmak, tutmak

In the last resort : başka çare yoksa

His resources are limited : imkanları
mahduttur

To be renowned : şöhret nam olmak

With respect to / respecting : e gelince

To be retired : emekliye ayrılmak

Retirement : emelilik, takaud

To turn/go red : kızarmak

To be caught red-handed : suç üstü
yakalanmak

To get a warm reception : hararetle
karşılanmak; geldiğine pişman olmak

To be redeemed : telafi edilmek

Redeemable : ödenmesi gereken senet

To be receptive : kavrayıcı olmak

Rice pudding : sütlaç

He richly deserved his fate : başına geleni
tamamen hak etti

To do something right away : bir şeyi
derhal yapmak

To put on/off a wedding ring : alyans
takmak/çıkarmak

Give me a ring/call : bana telefon et

To take/hit the road : yola çıkmak

To give someone a Roland for his Oliver :
taşı gediğine koymak

To roll up one's sleeves : kollarını
sıvamak

To roll oneself up in a blanket : bir
yorgana sarılmak

Rome was not built in a day : büyük işler
zaman ister, boyacı küpü değil yani

A roof over one's head : başını sokacak
bir yeri olmak

To make room for someone : birine bir
yer ayırmak

Evil deeds come home to roost : insan
ettiğini bulur

To take root : kök bağlamak

Life is no bed of roses : hayat öyle güllük
gülistanlık değil

No rose without a thorn : gülünü seven
dikenine katlanır

At a rough guess : kabaca / tahminen

A rolling stone gathers no moss : işleyen
demir ışıldar

It never rains but it pours : aksilikler hep
üst üste gelir

A running sore between ... and ... :
kanayan yara

To rip someone off : kazıklamak

To hit the roof/ceiling : tepesi atmak

To row against the current : akıntıya
kürek çekmek

A rose by another name would smell as
sweet : altın çamura düşsede altındır

To be in the habit of rising/getting up early : erken kalkma alışkanlığında olmak

To run a company : bir şirketi idare etmek

To recall to someone that : birine hatırlatmak

To take a rash decision : acele karar almak

He who has a bad reputation : terbiyesi bozuk

To be on the rocks : meteliksiz kalmak

To rent out at a high rent : yüksek fiatla kiraya vermek

To run after someone : birinin peşinden koşmak

At a reasonable price : makul bir fiatla

Rubbing salt into a wound : yaraya tuz
dökmek gibi olur

To live on the basis of equal rights : eşit
haklara dayalı yaşamak

To be ranked first : birinci olmak

To run away/off : kaçmak

S

To sack / give someone the sack : birini
işinden kovmak

To be on the safe side : ne olur ne olmaz

It is in safe hands : emniyettedir

A sadder and a wiser man : sukute hayale
uğramış akıllanmış

For the sake of one's country : vatan uğruna

For old times' sake : mazinin hatırı için

Salad days : gençlik ve tecrübesizlik çağı

It's all the same to me : bana göre hava hoş

To satisfy a longing : bir hasreti gidermek

So to say : tabiri caizse

Behind the scenes : perde arkasında; gizli kapaklı

To make a scene : rezalet çıkartmak

To study science : fen dersine çalışmak

To receive a scholarship : (öğrenci) burs almak

To pay off/settle old scores : bir kuyruk acısını çıkartmak

To be thrown on the scrapheap :
ıskartaya çıkarılmak

To scrape through an exam : imtihanda
(sınavda) güç bela geçmek

To scrape up some money : dişinden
tırnağından artırmak

To have a screw loose : bir tahtası eksik
olmak

To go by sea : gemi ile gitmek

Spare the rod and spoil the child : kızını
dövmeyen dizini döver

The seam side of something : bir şeyin
fena tarafı

To take a back seat : bir kenara çekilmek,
ehemniyetini kaybetmek

To search one's heart : vicdanını
yoklamak

To stand secure for someone : birine kefil olmak

Let me see : dur bakayım; efendime söyleyeyim

To be seized/frozen with fear : korkuya kapılmak

To seize the opportunity : fırsatı ganimet bilmek

To send for someone : birini getirmek, çağırmak

To send someone for something : birini birşey için göndermek

To send in one's resignation : istifasını göndermek

To return to sender : gönderene iade etmek

To serve one's apprenticeship : çıraklık etmek

To serve in the army (navy) : askerlik
hizmetini yapmak

Dinner is served : yemeğe buyurun

I am at your service : emrinize amadeyim

To set the subject (book) : imtihan için
muayyen konu/mevzu (kitab) tespit etmek

To set a book for an exam : imtihan
(sınav) için bir kitap tespit etmek

To set up house/government/sentence :
ev/hükümet/cümle kurmak

To settle an account with someone :
biriyle kozunu paylaşmak

To settle someone's doubt : birinin
şüphesini gidermek

To settle down : sukunet bulmak,
durulmak, yerleşmek

Coming events cast their shade before them
: olacak sey kendini belli eder

To be at one's last shift : çaresiz kalmak

To shift for oneself : kendi başının
çaresine bakmak

To work in shifts : bir işte nöbetle
çalışmak

Walking in a dead man's shoes : mirasına
konmak için birinin ölümünü beklemek

You are not fit to black his shoes : sen
onun ayağının pabucu/tırnağı olamazsın

Everyone knows where his own shoe
pinches : herkes kendi derdini kendi bilir

To put the shoe on the right foot :
kabahat kiminse onu itham etmek

To show someone the door : kapı dışarı
etmek

To be shown up : foyası meydana çıkmak

To be sick/tired of something : bir şeyden bıkmak, kınaa gelmek

The other side of the picture : madalyonun ters tarafı

To come into sight : gözükmek

To lose sight of ... : gözden kaybolmak

A sight for sore eyes : bir içim su

What a sight you are : bu ne hal

To keep silence : susmak

You simply must come : muhakkak gelmelisiniz

I was simply delighted : bilseniz ne kadar memnun oldum

To be born with a silver spoon in one's mouth : zengin ailede doğmak; yıldızı parlak olmak

Since you say so, it must be true : mademki, siz söylüyorsunuz doğrudur

He was left to sink or swim : kendi mukadderatına (kaderine) terk edildi

That is how I am situated : işte vaziyetim budur

A pleasantly situated house : yeni hoş bir ev

To skim the cream off something : bir şeyin en iyi kısmını/kaymağını almak

To save one's skin : postu kurtarmak

To sleep on something/it : bir mesele üzerinde bir gece düşünmek

Let sleeping dogs lie : uyuyan yılanın kuryuğuna basma

To roll up one's sleeves : paçaları
sıvamak

To slide down : kayıp düşmek

Slowly but surely : yavaş fakat esaslı

To smack the lips : dudaklarını
şapırdatmak

To smooth away (difficulty) : (bir
güçlüğü) ortadan kaldırmak

A smart reply : parlak, yerinde bir cevap

A smashing...... : ezici, yıkıcı ; (coll)
fevkalade

To sneak away : sıvışmak

I told you so : ben sana demedim mi?

A social gathering : es dost toplantısı

A soft job : kolay ve paralı iş

To have a place in one's heart for : e karşı zaafı olmak

To soothe someone's feelings : birinin gönlünü almak

To touch someone's sore spot : birinin bamteline basmak

To keep body and soul together : kıt kanaat geçinmek

To spare the life of : kıyamamak

A special friend : en yakın dost

To cast a spell over someone : birinin büyülemek

To spend money on someone : birisi için para sarfetmek

To engage in a vain endeavour : boş yere kendini yormak

To be in high spirits : keyfi yerinde olmak

To enter into the spirit of something : bir
şeyin ruhuna nüfuz etmek, işlemek

To split hairs : kılı kırk yarmak

To find/know someone's weak spot :
birinin zayıf damarını bulmak/bilmek

To spring at someone / to attack someone
: birine saldırmak

To spruce oneself up / to pull oneself
together : kendine çeki düzen vermek

As you sow, so you shall reap : ne ekersen
onu biçersin

A storm in a teacup : bir bardak suda
fırtına koparmak

The straw that breaks the camel's back :
bardağı taşıran son damla

Strike while the iron is hot : demir
tavında dövülür

Out of sight, out of mind : gözden ırak olanlar gönülden de ırak olur

To soften someone up : birini yumuşatmak

Call a spade a spade : dobra dobra konuşmak

To spill the beans : baklayı ağzından kaçırmak

To send someone packing : birini postalamak

To sweep/brush something under the carpet : hasır altı etmek

To stand on one's own two feet : kendi yağıyla kavrulmak

To fall between two stools : iki camii arasında beynamaza dönmek

Silence gives consent : sukut ikrardan gelir, sessizlik evet demektir

He who is successful is an able man : gemisini kurtaran kaptandır

Silence is golden : konuşma gümüşse susma/ sukut altın(dan)dır

To be struck dumb : dili tutulmak

One swallow doesn't bring summer : bir çiçekle yaz gelmez

Suffering imposes great efforts : canı yanan eşek atı geçer

To satisfy a longing : bir hasreti gidermek

A stab in the back : arkadan vurma

To stand by one's word : sözünden dönmemek

Still waters run deep : yumuşak atın çiftesi sert olur

One can't make bricks without straw : icab eden malzeme olmadıkca yapılamaz

Any stick to beat a dog : insan sevmediği
bir adamı küçük düşürmek için herşeyine
bir kulp takması normaldir/caizdir

A stich in time saves nine : zamanında
tamir edilen küçük bir hata büyüklerinden
korur

It's quite another story : eski camlar
bardak oldu

To speak through one's hat : saçmalamak

To look someone in the face : birinin
gözüne bakmak

To strike the flag : bayrağı indirmek,
teslim

The plant has struck (root) : fidan tuttu

To be on the stump : seçimlerde nutuk
söylemek, gezmek

To strain one's back : birinin belini
incitmek

To strive for/after something : bir şeyi
elde etmek için çaba sarfetmek

Everything went with a swing : herşey
tam yolunda gitti

The sting is in the tail : (kokusu, pisliği)
sonar çıkar

To spoil the ship for a ha'port of tar : az
bir masraftan kaçınıp büyük bir masrafa
girmek

Don't tell such tales to me : atma recep

One cannot measure happiness in terms of
worldly success : saadet/mutluluk maddi
muvaffakiyetle/başarıyla ölçülmez

To border on sixty : altmışa merdiven
dayamak

To break someone of a bad habit : birini
kötü bir alışkanlıktan vazgeçirmek

To set up a business : iş kurmak, iş açmak

To know which side one's bread is buttered on : menfaatinin ne tarafta olduğunu iyi bilmek

To be a foresighted man/society : ileri görüşlü kişi/toplum olmak

To ask for more sacrifices : daha fazla fedakarlık ister

To see about something : icabına bakmak

To strive to cope with : nin üstesinden gelmek için çaba sarfetmek

There's no smoke without fire : ateş olmıyan yerden duman çıkmaz

To see a doctor : bir doktora görünmek

To smell trouble : bela kokmak

To solve through peaceful negotiation : barışçıl görüşmelerle sorunu çözmek

To change the subject : konuyu
değiştirmek

To kick and stamp : tepinmek

To be a foundation stone : temel taşı
olmak

Blocked by snowdrift : karla kapalı olmak

A square peg in a round hole : kel başa
şimşir tarak; uygun değil

To see someone off : birini geçirmek

To sacrifice a sheep : kurban için koyun
kesmek

If I were in your shoes : ben senin
yerinde olsaydım

To take something with a grain/pinch of
salt : ihtiyatlı, tedbirli, dikkatli
davranmak

To have two strings to one's bow :
tedbirli, davranmak

To settle one's accounts with someone :
ile hesaplaşmak

God can take my soul : Allah canımı alsın

To turn sour/bad : ekşimek/bozulmak

Spick and span : iki dirhem bir çekirdek,
son derece şık

To succeed in something / to be good : de
başarılı olmak

For we had spent : harcadığımızdan,
çünkü harcamıştık

Snotty-nosed : sümüklü burun

To sound one's own horn : kendi
borusunu öttürmek, hep dediğini
yaptırmak

To make a salad : salata yapmak

Seize by the collar : yakasna yapışmak

Slip the collar : yakayı sıyırmak, kurtarmak

The sun is going down : güneş batıyor; imparatorluk çöküyor

To be all square : ödeşmek

To shoulder up with someone : hesaplaşmak

To squeeze money out of someone : birisinden para sızdırmak

Without a stain on his character : alnının akıyle

His life is at stake : (hayatı) sözkonusudur/tehlikededir

To have a stake in something : bir işte bir menfaati/çıkarı olmak

To stake one's hopes on : e umut
bağlamak

To stamp on : çiğnemek

To let the tea stand/brew : çayı
demlenmesi için bırakmak

I stand by what I said : söylediğimden
şaşmam

To stand for : ni temsil etmek, demek

Stand up for your rights : hakkını ara

Standard of living / life standard : hayat
seyiyesi

To be born under a lucky star : talihi
yaver olmak

To starve to death : acından ölmek

At the start / at the beginning :
başlangıçta

False start : çıkış hatası

State of mind : ruh haleti, ruh hali

Mental strain : zihni yorgunluk

What a state you are in : bu halin nedir

To stay for dinner : akşam yemeğine kalmak

To stay the night : gevelemek

To stay up late : geç vakte kadar yatmamak

To be in a stew : etekleri tutuşmak

To be stuck : saplanmak, işin içinden çıkamamak

To stick together : anca kanca beraber olmak

To stick on : üzerine yapıştırmak

To help a lame dog over a stile : yardıma muhtaç olana yardım etmek

I wouldn't stoop to such a thing : böyle şeye tenezzül etmem

To make a long story short : sözü uzatmayayım

The same old story : eski hamam eski tas

To act on the straight/level : dürüst hareket etmek

To hit one straight in the face : tam yüzüne vurmak

The education (of my child) puts a great strain on my resources : .... tahsil/eğitim masraf omuzumda ağır bir yüktür

That's the final straw : bir bu eksikti

To stretch oneself : gerinmek

To stretch one's legs : bacaklarının
uyuşukluğunu gidermek

Strictly speaking : doğrusunu söylemek
gerekirse

To take something in one's stride : bir
şeyi kolayca yapıvermek

A lucky strike : turnayı gözünden vurma

To be stuck on someone : birine abayı
yakmak, aşık olmak

She struck me as (being) rather conceited
: o bana biraz kibirli gibi geldi

We've struck (upon) just the right man :
tam adamına çattik

To strike someone with wonder : birini
hayrete düşürmek

I've struck upon an idea : aklıma bir fikir
geldi

To strike out right and left : sağa sola vurmak

To pull strings : torpil/iltimas yaptırmak

A good stroke of business : karlı bir iş

To be killed by a lightning strike : yıldırım çarpmak

To stroke someone the wrong way : birinin damarına basmak

He has not done a stroke/jot of work : elini hiç bir işe sürmedi

We struggled through : düşe kalka çıktık

She suddenly avoided me : kasten bana görünmek istemedi

To finish one's studies : tahsilini bitirmek

There's good stuff in him : bu adamda cevher var

Stuff and nonsense : saçma sapan

He is hot stuff : yamandır

My nose is stuffed up/blocked : burnum tıkandı

The pupil/student must pass in 5 subjects : 5 dersten geçmesi lazım

To be a subscriber : abone almak

Subscription : abonelik

To make a success of something : başarmak, kar elde etmek

Latin, as such, is not very useful : latince hattı zatında (aslına, gerçekte) o kadar faydalı değildir

To suffer from : den acı çekmek

It suits me to put up with him : ona tahammül etmek (katlanmak) işime geliyor

**To sun oneself / to sunbathe :
güneşlemek**

Sunny : güneli

**To believe in superstition : hurafelere
inanmak**

To be suspended : askıya alınmak

**To build a suspension bridge : asma
köprü**

**To swallow one's words : tükürdüğünü
yalamak**

**To swap something for something :
trampa etmek değişmek**

**To swap places with someone : biriyle yer
değişmek**

**This place swarms with foreigners :
yabacılarla kum gibi kaynıyor**

To swear something on the Bible/Holly Quran : Kutsal kitap üzerine yemin etmek

To be a sweltering heat in (Alanya) : (Alanya'da) bayıltıcı sıcaklık var

To be in sympathy with someone's ideas : birinin fikirlerini benimsemek

T

To clear the table : sofrayı kaldırmak

To lay/set the table : sofrayı kurmak

This day last week : geçen hafta bugün

The journey lasted two weeks : seyahat iki hafta sürdü

To laugh something off : şakaya vurmak

To go to the laundry : çamaşırhaneye
gitmek

To go to the lavatory : wc'ye gitmek

To practise law : hukukçuluk etmek

To be on the right track : doğru yolda
olmak

With his tail between his legs : kuyruğu
kısıp gitme

You must take us as you find us : bizi
olduğumuz gibi kabul edin

Take it or leave it : ister beğen ister
beğenme

He takes after his father : babasına
çekmiş

To take in at a glance : bir bakışta görüp
kavramak

To be taken in : aldanmak

To take over the liabilities : borçlarını üslenmek

Don't tell such tales to me : atma recep; yalan istemem

He has a talent for languages : yabancı dile, lisana kabiliyeti var

To talk big : (yüksekten) atıp tutmak

He knows what he is talking about : o bu işin ehlidir

To talk over : bir (mesele, konu) görüşmek; dil dökerek ikna etmek

To tap at the door : kapıya hafifçe vurmak

To have a taste for something : bir şeyden zevk almak; ağzının tadını

Everyone to their own taste : bu zevk meslesidir

Direct taxes : vasıtasız vergiler

Taxable : vergiye tabi

Taxation : vergilendirme, vergi tarhı

To be a tax/burden on someone : birine yük olmak

To tear one's hair out : saçını başını yolmak

A teddy bear : oyuncak ayı

Tedious : can sıkıcı

Tell me another one : kulahıma anlat

To have a bad temper : huysuz olmak

It is a great temptation to : şeytan diyorki

To take someone's temperature : birinin ateşini ölçmek

To touch someone on their tender spot : can alıcı noktasına (yarasna) dokunmak

I would rather (go by ship than fly) :
(gemi) yi tercih ederim

You have friends to thank for this : bunu
arkadaşlarına borçlusun

To have thanksgiving : şükran duası
olmak

The child that I saw : gördüğüm çocuk

The letter that I sent you : gönderdiğim
mektup

The conversation began to thaw a little :
buzlar çözülmeğe başladı

To talk of one thing and another : şundan
bundan bahsetmek

That's the thing for me : işte tam
istediğim

To pack up one's things : pılısını pırtısını
toplamak, hazırlanmak

God thanks Americans : Amerika'lılardan
Allah razı olsun

To bring them under control : control
altına almak

While I think of it : hatırımdayken

To put this and that together : vakaları
(olayları) yan yana koymak

To be a thorn in one's side : başına
dert/çıbanbaşı olmak

The mere thought of it infuriates me :
bunun tasavvuru bile beni deli ediyor

To lose the thread of one's argument :
fikir silsilesini/ipin ucunu kaybetmek

It was all through you that we got into such
a mess : başımıza bu işler sizin
yüzünüzden geldi

To get through / you're through : irtibat
kurmak / telefonunuz bağlandı

To be through : bitirmek

Nobody knows what I've been through :
başımdan neler geçtiğini kimse bilmez

To look through a telescope : teleskoptan
bakmak

To throw away an opportunity : bir fırsatı
elinden kaçırmak/tepmek

To steal someone's thunder :
başkasındandan evvel davranıp onun
usulunu vs kullanmak

To tighten one's belt : kuşağını/kemerini
sıkmak

To laugh till one cries : gözlerinden yaş
gelinceye kadar gülmek

He may turn up at any time : şimdi
neredeyse gelir ; harhangi bir zamanda
gelebilir

To be behind the times : eski kafalı olmak

To have the title-deeds : tapusu olmak

To stand or fall together : anca kanca beraber olmak

To change one's tone : ağız değiştirmek

The gift of tongues : lisan/dil öğrenme kabiliyeti

At top speed : azami suratte

Pitch and toss : yazı tura oyunu

It's a toss-up : baht/şans işidir, belli olmaz

To get in touch with someone : birisiyle temasa girmek

To lose touch with someone : birinin izini kaybetmek

To be touched : müteessir olmak, etkilenmek

No one can touch him in teaching English : ingilizce hocalığında hiçkimse ona yaklaşamaz/eline su dökemez

There is a time and a place for everything : herşeyin bir zamanı zemini vardır

To throw one's hat into the ring : pes etmek

To turn the corner : paçayı sıyırmak

There is many a slip twixt/between cup and lip : evdeki hesap çarşıya uymaz

To play a trick on someone : birine bir azizlik etmek/oyun oynamak

There is no accounting for tastes : zevkler tartışılmaz

To toss a coin : yaz tura atmak

Ticky-tacky : ıvır zıvır, ufak tefek

2000 Proverbs & Idioms

To take for granted : varsaymak/olmuş
bitmiş kabul etmek

He thinks he is it : küçük dağları ben
yarattım diyor

One good turn deserves another : iyiliğin
karşılığı iyilikktir

He can turn his hand to anything : eli her
işe yatar

To gain time : zaman kazanmak

That's your funeral : o senin bileceğin
iş/beni ırgalamaz

To take into account/consideration :
hesaba katmak/göz önünde bulundurmak

To be in trouble : sıkınıtıda, başı dertte
olmak

To take an attitude to : e karşı tavır
takınmak

In the Turkey/world of tomorrow : yarının Türkiye'sinde/dünyasında

To be on the tip of one's tongue : dilinin ucunda olmak, hatırlayamamak

Try your luck : şansınızı deneyin

Think twice before you leap : atlamadan önce iyi düşüu

On your toes : hazır ol

The topics of the day : günün konuları

To be tongue-tied : dili tutulmak

Time passes unnoticed : zaman farkına varmadan geçer

To throw cold water on (an idea) : (bir fikri) çürütmek

To come to terms (with) : ile uzlaşmak, yi anlamak

He is rather touchy on that point : bu
konuya/mevzuya karşı hassastır

A tough proposition : güç bir iş

Blood transfusion : kan nakli

To transfer money : para havale etmek

His treatment of the subject is superficial :
konuyu/mevzuyu yüzeysel ele alıyor

He knows a trick or two : o ne kadar
kurnazdır

To plight one's trough : sadakatini tastik
etmek, evlenme vaad etmek

To catch someone tripping : birnin
hatasını yakalamak

May I trouble you to pass the water : suya
zahmet edermisiniz, suyu verebilirmisiniz?

To fish in troubled waters : bulanık suda
balık avlamak

She wears the trousers : o kadın evde
herşeye hakimdir, evde onun dediği olur

To have a try at doing something : bir şeyi
öylesine bir denemek

This will serve my turn : bu benim işimi
görür

The matter has taken a political turn :
mesele siyasi bir durum/mahiyet aldı

Things are taking a turn for the better :
işler düzelmeye başladı

It has turned out as you said : dediğin
çıktı

U

An undelivered letter : teslim edilmemiş
mektup

The undersigned : imzası aşağıda yazılı
olan

We understand that .... : öğrendiğimize
göre

To come to an understanding with
someone : birisiyle anlaşmak

To meet with an unfriendly reception :
soğuk karşılanmak

Don't take it unkindly : hatırınız
kalmasın

To come to an untimely end : muvaffak
olmadan/başarısızlıkla bitmek; vaktinden
önce/zamansız ölmek; gözü açık gitmek

The beer upsets me : biraz bana dokunur

He/she is easily upset : en küçük şeye
üzülür

To butter up : e yağ çekmek

To cough up : öksürerek (balgam vs) çıkarmak

The university entrance exam : üniversite giriş sınavı

He/she left his/her food untouched : yemeğine el sürmedi

The ups and downs of life : feleğin oyunu/germu serdi

What's up : ne var?

What's up with? : ne oluyorsunuz?

Don't upset yourself : üzülme

If you value your life : canının kıymetini biliyorsan

To feel an urge to do something : içinden dürtüyorlar gibi bir şeyi yapmak istemek

Uppermost post : en üstteki makam

To make a good/bad use of something :
bir şeyi iyi/fena maskat için kullanmak

Ethnic unrest creates unreliability :
azınlık sorunu güvensizlik yaratır

A demonstration ban is unconstitutional :
gösteri yasağı anayasaya aykırı

I still have a weapon upon you : **sana**
karşı hala silahım/kozum var

Long term unemployment policy : **uzun**
işsizlik politikası

V

To set a high value on something : **bir şeyi**
pek fazla takdir etmek

If you value your life : **canının kıymetini**
biliyorsan

To be vulnerable : hassas/nazik olmak

Vicious circle : kısır döngü

A vicious dog : huysuz (köpek)

To struggle in vain/vainly : boşa uğraşmak

To cut short his/her visit : ziyareti kısa kesmek

At a very low price : çok düşük fiata

Verdict of court : mahkeme kararı

To draw a bow at a venture : boş atıp dolu tutturmağa çalışmak

To pass on the virus of AIDS : AIDS virusu bulaştırmak

To block the virus invasion : virus istilasını engellemek

To begin voting : oy vermeye başlamak

At various times : muhtelif zamanlarda

Nothing ventured nothing gained : hiç bir riske girmezsen hiçbir şey kazanamazsın

To be venturesome : gözüpek; maceraperest olmak

To be on the verge of war : savaşa girmeye ramak kalmak

To the very day : tam günü gününe

You're the very man I was looking for : tam aradığım adamsın

This is the very thing for a headache : bu başağrısı için birebirdir

The utmost fool knows that : bunu bilmiyecek aptal yoktur

Virile men of Turkey : Türkiye'nin yiğit erkekleri

Vital point : can alıcı nokta/yer

Curriculum vitae : hayat akışı/özgeçmiş

(She becomes) very vocal on this subject :
mevzu/konu açılınca bülbül (kesilir)

Free gear is sweeter than honey : bedava
sirke baldan tatlıdır

Wait till the cows come home : çıkmaz
ayın son çarşambasına kadar bekle

To be flushed with victory : zaferden
sarhoş olmak

Out of view, out of mind : gözden
uzak/ırak olanlar, gönüldende olurmuş

W

To walk out of : den çıkmak

To walk out with a young man/girl : bir
gençle/kızla çıkmak

To wander in one's mind/thoughts :
sayıklamak

To be warm-hearted : iyi kalpli

She has a warm heart : iyi kalplidir

As a warning to others : ibret için

To take warning : ibret almak

Nothing can warrant such rudeness :
hiçbirşey bu kabalığı mazur gösteremez

To have a wash-basin : leğeni olmak

Wash-up : bulaşık yıkama

To go to waste : heder olmak

Waste-paper basket : kağıt için çöp sepeti

Don't waste your breath : boşuna/beyhude çeneni yorma

Not worth a continental : beş para etmez

To watch one's opportunity : fırsat gözlemek

Watch word : parola

On land and water : hem karada hem denizde

To take to the water : (yüzücü) suya girmek

Get out of the way : önümden çekil

To get in someone's way : mani olmak

There's no way out : çıkar yol yok

On the way : yolda

He's on the way to ruin : mahvolacak

Way out : çıkış

To go one's own way : bildiğini okumak

In some way : bazı cihetlerden

To have a weak-spot for : e karşı zafı
olmak

To wear the hair long : saçlarını uzun
bırakmak

To be weary : yorgun/usandırıcı olmak

Twice a week / twice weekly : haftada iki
kere

That's nothing to weep about : ağlanacak
bir şey değil

To give someone a warm welcome : birini
hararetle karşılamak / birini geldiğine
pişman etmek

You are well out of it : bundan
kurtulduğuna şükret

For someone's wellbeing : nin
saadeti/rehafı için

Whatever happens I will remain your
friend : ne olursa olsun ben size dost
kalacağım

The wheels of government : idare
mekanizması; devlet çarkı

I shall stay where I am : bulunduğum
yerde kalacağım

Once in a while : kırk yılda bir

That's the reason why .... : işte bundan
dolayıdır ki

A whopping lie : kuyruklu yalan

Free-will : serbest irade

As you will : siz bilirsiniz

The man who came : gelen adam

Who goes there : kimdi o?

The person to whom you sent the letter is
dead : kendisine mektup gönderdiğiniz
şahıs ölmüştür

Taken as a whole : bir bütün olarak

The whole world : tüm dünya ; herkes

He swallowed it whole : çiğnemeden
yuttu ; hepsini yuttu

Whether it rains or not : yağsada
yağmasa da

To take someone under one's wing :
birini himaye altına almak

That's the way the cookie crumbles / that's
the way it goes : eski hamam eski tas

It is a small world : dağ dağa kavuşmaz
insan insana kavuşur

It is all in a (the) day's work : iş iştir

All's well that ends well : geç olsun da güç olmasın

To put a spoke in someone's wheel : tekerine taş koymak

To be a ready wit / quick-witted : hazır cevap olmak

To clip someone's wings : kolu kanadı kırılmak

To wash one's dirty linen in public : birinin kirli çamaşırlarını ortaya çıkarmak

Walls have ears : yerin kulağı vardır

To say the wrong thing : pot kırmak

To wash one's hands of : elini eteğini çekmek

Wild goose chase : ipe sapa gelmez bir iş

What I was afraid of has happened : aklıma gelen başıma geldi

Words cut more than swords : bıçak yarası geçer dil yarası geçmez

The worthless need no protection : acı patlıcanı kırağı çalmaz

Two wrongs don't make a right : haksızlığa haksızlıkla muamele etmek

To gain weight : kilo almak ; önem kazanmak

A wolf in sheep's clothing : koyun postuna girmiş kurt

What more can you wish for? : daha ne istersin?

Wish-bone : lades kemiği

Wishing well : dilek kuyusu

I wonder whether .... : acaba ....

A wonder of delicate workmanship : ince işçilik harikası

I don't wonder you are annoyed : bende olsam kızarım

To work wonders/miracles : harikalar yaratmak/mucize yaratmak

Word for word : kelimesi kelimesine

He never has a good word for anyone : herkesi kötüler

A man of his word : sözünün eri

I am a man of my word : söz bir Allah bir

Bad is not the word for it : buna fena demek azdır

Go to hell : cehennem ol

Take my word for it : sözüme inan

I took you at your word : ben sizin sözünüze güvendin de

To be at work : iş başında olmak

To set someone to work : birini işe oturtmak

Workday : iş günü

My plan didn't work : planım tutmadı/muvaffak olmadı

To work off one's anger on someone : öfkesini birinden almak/gidermek

Work on : tesir etmek

Work in : içine işlemek

Work off : azarlamak

I wouldn't do it for all the world : dünyayı verseler yapmam

You have the world before you : önünde koskoca bir hayat var

This world's goods : dünyalık

A man of the world : görmüş geçirmiş
adam

One who has seen the world : o ki feleğin
çemberinden geçmiş biri

What in the world are you doing? : ne
yapıyorsun, yahu?

Worldly : dünyevi

If the worst comes to the worst : pek/çok
sıkışırsan

It is worth the money : bu fiata değer

It isn't worthwhile : değmez

Worthless : değersiz ; beş para etmez

I can't find the wretched thing : bu
Allah'ın belasını bulamıyorum

To wriggle out of a difficulty : bir
sıkıntıdan/ müşkülden maharetle
kurtulmak

To answer in writing : yazı ile cevap vermek

Writing pad : sümen

To be wrong : yanılmak; haksız olmak

To go wrong : (insan) yanılmak; baştan çıkmak; berbad etmek

To be in the wrong place : yanlış yerde olmak

To be in the wrong : birini haksız çıkartmak

To withdraw money : para çekmek

To be hit by the waves of a strike : grev dalgasından etkilenmek

To measure oneself up with/against someone : birisiyle boy ölçüşmek

To be willing to : e istekli olmak

With the aid of : nin yardımıyle

For someone's wellbeing : birinin iyiliği
için

To excite one's wrath : öfkesini ayağa
kaldırmak

.... which brought his/her heart into
his/her mouth : birinin yüreğini ağızına
getirmek, çok korkutmak

To laugh with his/her mouth touching
his/her ears : ağzı kulağına vararak
gülmek

New words are born every day : hergün
yeni kelimeler ortaya çıkıyor

On someone's (the) wedding day / at the (a)
wedding day : düğün gününde/düğünde

To want continuation of this like that :
bunun böyle devamını istemek

To live on welfare/social benefit : sosyal
yardımla yaşamak

According to well-informed sources : iyi
haber alan kayanaklara göre

A trade war : ticari savaş

What's on your mind? :
kafandaki/aklındaki ne?

What's the point of the story? : hikayenin
konusu/amacı nedir?

To work out : çıkarmak, saptamak,
karara varmak

To wink at : göz yummak

To take a walk / to go for a walk :
yürüyüşe çıkmak

When it comes to : o söz konusu olduğu
zaman

To look up a word in a dictionary : sözlükte bir kelimeye bakmak

Despite everything life is worth living : herşeye rağmen hayat yaşamaya değer

To live in a civilized way : uygarca yaşamak

I wish I were .... : keşke .... saydım

As I was .... : iken

The wholesale prices / retail prices : toptan satışlar / parekende satışlar

Will-power : azim gücü

With the consent of parents : ailenin rızasıyla

In the best sense of the word / in the true sense of the word : kelimenin tam anlamıyla

To get along with (like brothers) : iyi geçinmek

As there is no other way out : başka çıkış yolu olmadığından

To take a whole lifetime to learn : öğrenmek bir ömür alır

If the cap fits, wear it : yarası olan gocunur

What can't be curred must be endured : başa gelen çekilir

He who loves the rose should put up with its thorn : gülünü seven dikenine katlanır

A man is as old as he feels, a woman is as old as she looks : kadın göründüğü, erkek hissettiği yaştadır

A woman is an angel at 10, a saint at 15, a devil at 40 and a witch at four score : kadin 10 yaşında melek, 15'inde aziz, 40'inda şeytan, 80'inde ise bir cadıdır

He is a bear for work : (hayvan gibi) çok
çalışır

A bear with a sore head : aksiliği üstünde

You will see the sting is in the tail :
sürprizi sonunda çıkar

We're all cheesed off with his jokes :
şakalarından bıktık

The word was on the tip of my tongue :
dilimin ucundaydı

I can't put up with this noise : bu
gürültüye tahammül edemem

We were just about to leave : çıkmak
üzereydik

She won't speak to him because she still
bears a grudge against him : o hala
onunla konuşmuyor çünki kin güdüyor

To break with : bozuşmak

To charge with : suçlamak (mahkemede)

To get well : iyileşmek

Come that way : ne olursa olsun

To be dead to the world : derin uykuya
dalmak/kendinden geçmek

To deal with : müzakere etmek, anlaşmak

Deal in : satmak

To be done with : işi bitik olmak, son
vermek

To fiddle with the dials on the radio :
radyo'nun düğmeleriyle oynamak

To get in with : ilişki kurmak ; arkadaşlık
etmek

To get off on the wrong foot : ters
tarafından kalmak

To go hard with someone : pahalıya patlamak

To be at home with everyone : herkesle içli dışlı/samimi olmak

To keep pace with : e ayak uydurmak

To keep in step with : başa baş gitmek, ayak uydurmak

To leave word with : e haber bırakmak

To be a witness to : e şahit olmak

No matter whether it is light or dark, ... : e bakmaksızın ....

To stay with : ile oturmak/kalmak

To live with : ile yaşamak

To be out of work : işsiz güçsüz olmak

Whether he/she likes it or not : sevsede sevmesede

To stand in good stead with : ile aras iyi olmak

To be suited to each other in many ways : bir çok bakımdan uyum sağlamak

To take up with : danışmak

To team up with : iş birliği yapmak

To get in touch with : ilişki kurmak

To ward off : sakınmak

To warm up : ısınmak

To waste away : eriyip gitmek

To watch one's step : ayağını denk almak

Are you with me? : takip ediyormusun/ dinliyormusun?

To get it wrong : kızdırmak

Get one wrong : yanlış anlamak

To get wise to : uyandırmak

To worm out of : ağzından laf almak

To go for a wander : nasılsa, hayret edilecek biçimde

To play with words : kelime oyunu yapmak

To make a wish : dilek dilemek

To build ties with : ile bağlar kurmak

With the act of : nin etkisi altında

Be/get mixed up with : e karışmak

To be wise to .... : akıllılık edipte ....

To fit in with : uymak

To get away with it : hallet (mek)

To deal with : uğraşmak

To break relations with : ile ilişkileri kesmek

To compare with : le kıyaslamak

To walk to work : işe yürüyerek gitmek

Cycling to work : bisikletle gitmek

Corruption is widespread : yolsuzluk yaygın

On an equal with : ile eşit olarak

To dally with someone : birini oyalamak, oynatmak

Western style democracy : batı tipi demokrasi

To end without progress : ilerleme kaydetmeden bitmek

To meddle with : e karışmak

Meddle in : burnunu sokmak

Incompatible with (friendship) :
(dostluk) la bağdaşmayan

Y

To turn yellow : sararmak

You can't alter your age : kimse yaşını
değiştir(e)mez

You bet : iddasına varmısın, bahse
girermisin

To yearn for : özlemini çekmek

I defy you to do something : yapta
göreyim, alnını karışlarım

To give eternal youth : ebedi (ölümsüz)
gençlik vermek

To yank out : birden zorla çıkartmak

Year in year out : seneden seneye

As yet : şimdiye kadar

Just yet : hemen derhal

To throw off the yoke : kölelikten kurtulmak

Under the yoke : boyunduruk altnda

In days of yore : vaktiyle, eskiden (bir varmış bir yokmuş)

Behave yourself / pull yourself together : kendine gel

In the flower of youth : gençliğin baharında

Z

At its zenith : zirvesinde

Zero in on : **belirli bir hedefe ayarlamak,
bütün gayretini tek noktaya toplamak**